AF187647

Impressum
Verlag: BABADADA GmbH, Nedderfeld 112 , 22529 Hamburg
Geschäftsführer / Verlagsleitung: Harald Hof
Druck: Books on Demand GmbH, In de Tarpen 42, 22848 Norderstedt

Imprint
Publisher: BABADADA GmbH, Nedderfeld 112 , 22529 Hamburg, Germany
Managing Director / Publishing direction: Harald Hof
Print: Books on Demand GmbH, In de Tarpen 42, 22848 Norderstedt, Germany

ትምህርት ቤት

trường học

 መማሪያ ክፍል
phòng học

ማካፈል
chia

186/2

የትምህርት ቤት ቅጥር ግቢ.
sân trường

ሰሌዳ
bảng viết

መምህር
giáo viên

ወረቀት
giấy

መጻፍ
viết

እስክሪብቶ
cây bút

መስሪያ ጠረጴዛ
bàn làm việc

ማስመሪያ
cây thước

መጽሐፍ
sách

ተማሪ
học sinh

የጀርባ ቦርሳ
cặp đeo vai học sinh

የእርሳስ ሣጥን
hộp đựng bút

እርሳስ
bút chì

የእርሳስ መቅረጫ
cái gọt bút chì

ላጲጽ
cục tẩy

የስዕል ደብተር
tập giấy vẽ

2

ትምህርት ቤት - trường học

ስዕል

bản vẽ

የቀለም ብሩሽ

cọ vẽ

የቀለም ሳጥን

hộp mực vẽ

መቀስ

cây kéo

ማጣበቂያ

keo dán

መልመጃ ደብተር

sách bài tập

የቤት ስራ

bài tập ở nhà

12

ቁጥር

số

2+2

መደመር

cộng

5-2

መቀነስ

trừ

2×2

ማባዛት

nhân

ቁጥሮችን ማስላት

tính toán

A

ደብዳቤ

chữ cái

ABCDEFG HIJKLMN OPQRSTU VWXYZ

ፊደላት

bảng chữ cái

hello

ቃል

từ

ፅሑፍ

van ban

ማንበብ

đọc

ጠመኔ

phấn viết

ትምህርት

bài học

ምዝገባ

sổ lớp

ፈተና

thi kiểm tra

ሰርተፊኬት

chứng chỉ

የትምህርት ቤት የደንብ ልብስ

đồng phục học sinh

ትምህርት

giáo dục

አዉደ ጥበብ

từ điển bách khoa

ዩኒቨርስቲ

đại học

የምርምር አጉሊ መሳርያ

kính hiển vi

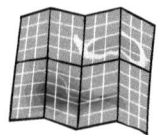

ካርታ

bản đồ

የቆሻሻ ወረቀት መጣያ ቅርጫት

thùng rác giấy

ሆቴል
khách sạn

Grand

ማረፊያ ቤት
nhà trọ

ROOMS

የዉጭ ገንዘብ ምንዛሪ ቢሮ
quầy đổi tiền

ECHANGE

ልብስ መያዣ ሻንጣ
va li

መኪና
xe ô tô

ቋንቋ

ngôn ngữ

አዎ/ አይደለም

có / không

እሺ

ô kê

ሰላም

Xin chào

አስተርጓሚ

thông dịch viên

አመሰግናለሁ

cám ơn

ስንት ነዉ.......?

... bao nhiêu tiền?

አልገባኝም

tôi không hiểu

እክል

vấn đề

እንደምን አመሹ!

Xin chào! (buổi tối)

እንደምን አደሩ!

xin chào! (buổi sáng)

መልካም ምሽት!

chúc ngủ ngon!

ደህና ይስንብቱ

tạm biệt

አቅጣጫ

hướng đi

ሻንጣ

hành lý

ቦርሳ

túi xách

የጀርባ ቦርሳ

túi ba lô

እንግዳ

khách

ክፍል

phòng

የመተኛ ቦርሳ

túi ngủ

ድንኳን

lều

የጎብኚዎች መረጃ

thông tin du lịch

የባህር ዳርቻ

bãi biển

ክሬዲት ካርድ

thẻ tín dụng

ቁርስ

ăn sáng

ምሳ

ăn trưa

እራት

ăn tối

ቲኬት

vé xe

አሳንስር

thang máy

ማህተም

tem bưu điện

ድንበር

biên giới

ባህሎች

hải quan

ኤምባሲ

đại sứ quán

ቪዛ/የይለፍ ወረቀት

thị thực

ፓስፖርት

hộ chiếu

መጓጓዣ

vận chuyển

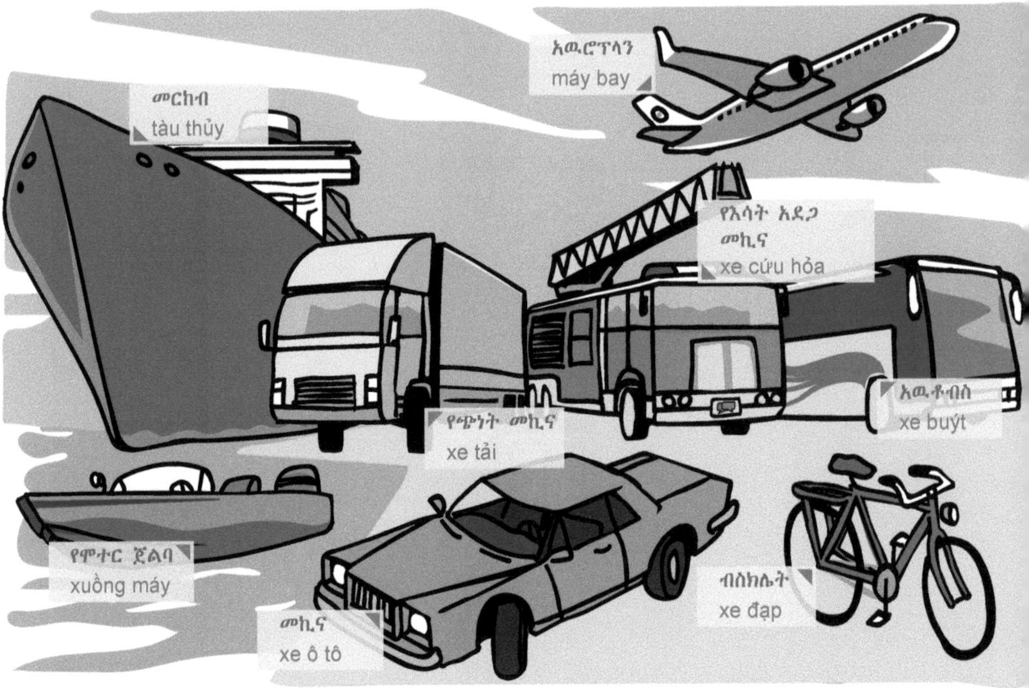
አዉሮፕላን
máy bay
መርከብ
tàu thủy
የእሳት አደጋ መኪና
xe cứu hỏa
አዉቶብስ
xe buýt
የጭነት መኪና
xe tải
የሞተር ጀልባ
xuồng máy
ብስክሌት
xe đạp
መኪና
xe ô tô

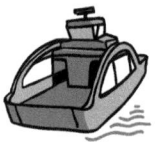

የማመላለሻ ጀልባ

phà

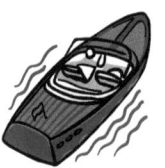

ጀልባ

xuồng

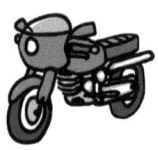

የሞተር ብስክሌት

xe máy

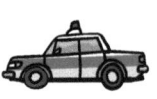

የፖሊስ መኪና

xe cảnh sát

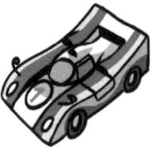

የዉድድር መኪና

xe đua

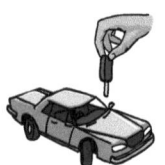

የኪራይ መኪና

xe cho thuê

የመኪና መጋራት

dịch vụ thuê xe tự lái

ጎታች መኪና

xe kéo cứu hộ

የቆሻሻ ጭነት መኪና

xe rác

ሞተር

động cơ

ነዳጅ

xăng

የቤንዚን ማደያ

trạm xăng

የመንገድ ምልክት

biển báo giao thông

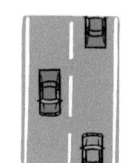

የመኪኖች እንቅስቃሴ

giao thông

የመኪና መጨናነቅ

ách tắc giao thông

የመኪና ማቆሚያ

bãi đậu xe

የባቡር ጣቢያ

nhà ga

የባቡር ሀዲዶች

đường ray

ባቡር

xe lửa

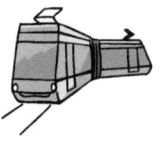

የኤሌክትሪክ ባቡር

tàu điện

ሰረገላ

toa xe

ሄሊኮፕተር

máy bay trực thăng

አየር ማረፊያ

sân bay

ማማ

tháp

መንገደኛ

hành khách

ማስቀመጫ፤ ማጠራቀሚያ

côngtenơ

ካርቶን እቃ ማሸጊያ

thùng các-tông

ጋሪ፤ ተሳቢ

xe đẩy

ቅርጫት

cái giỏ

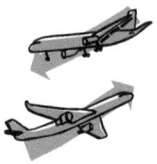

መነሳት/ ማረፍ

cất cánh / hạ cánh

ከተማ

thành phố

መንደር

làng

የከተማ ማዕከል

trung tâm thành phố

ቤት

nhà

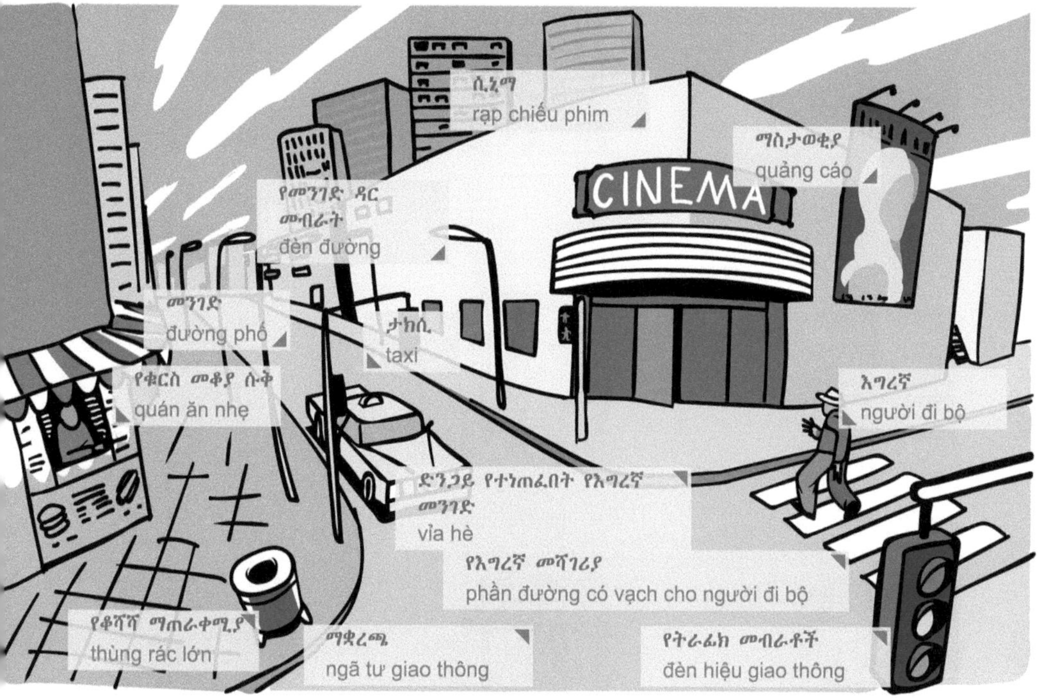

ሲኒማ
rạp chiếu phim

ማስታወቂያ
quảng cáo

የመንገድ ዳር
መብራት
đèn đường

መንገድ
đường phố

ታክሲ
taxi

የቁርስ መቆያ ሱቅ
quán ăn nhẹ

እግረኛ
người đi bộ

CINEMA

ድንጋይ የተነጠፈበት የእግረኛ
መንገድ
vỉa hè

የእግረኛ መሻገሪያ
phần đường có vạch cho người đi bộ

የቆሻሻ ማጠራቀሚያ
thùng rác lớn

ማቋረጫ
ngã tư giao thông

የትራፊክ መብራቶች
đèn hiệu giao thông

ጎጆ
nhà chòi

አፓርታማ
căn hộ

የባቡር ጣቢያ
nhà ga

የከተማ አዳራሽ
tòa thị chính

ቤተ መዘክር
viện bảo tàng

ትምህርት ቤት
trường học

ከተማ - thành phố

ዩኒቨርስቲ

đại học

ባንክ

ngân hàng

ሆስፒታል

bệnh viện

ሆቴል

khách sạn

መድሐኒት ቤት

hiệu thuốc

ቢሮ

văn phòng

መዕሐፍ መሸጫ

hiệu sách

ሱቅ

cửa hiệu

የአበባ መሸጫ

cửa hiệu bán hoa

የሽቀጣ ሽቀጥ መደብር

siêu thị

ገበያ ስፍራ

chợ

መደብር

cửa hàng bách hóa

የዓሳ ነጋዴ

người bán cá

የገበያ ማዕከል

trung tâm mua bán

ወደብ

bến cảng

መናፈሻ ቦታ
công viên

አግዳሚ ወንበር
ghế băng

ድልድይ
cầu

ደረጃዎች
cầu thang

ዉስጥ ለዉስጥ
tàu điện ngầm

ዋሻ
đường hầm

የአዉቶቡስ ፌርማታ
trạm xe buýt

ባር
quán bar

ምግብ ቤት
khách sạn

የፖስታ ሳጥን
hòm thư công cộng

የመንገድ ምልክት
bảng hiệu đường

የመኪና ማቆሚያ ሒሳብ የሚያሰላ
ማሽን
đồng hồ đậu xe

የደር እንስሳት ማቆያ
vườn bách thú

የመዋኛ ገንዳ
bể bơi

መስጊድ
nhà thờ Hồi giáo

እርሻ

nông trại

የሚበክል ነገር

ô nhiễm môi trường

መቃብር ስፍራ

nghĩa trang

ቤተ ክርስቲያን

nhà thờ

መጫወቻ ሜዳ

sân chơi

ቤተ መቅደስ

ngôi đền

መልከዓምድር

phong cảnh

ቅጠል
lá cây

የመንገድ ላይ ምልክት
bảng chỉ đường

መንገድ
lối đi

አረንጓዴ መስክ
bãi cỏ

ድንጋይ
hòn đá

በእግሩ የሚጓዝ
người đi bộ đường dài

ዛፍ
cây

ወን
sông

ሳር
cỏ

አበባ
bông hoa

ሸለቆ

thung lũng

ኮረብታ

đồi

ሀይቅ

hồ nước

ጫካ

rừng

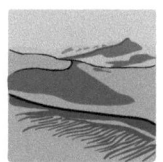

በረሃ

sa mạc

እሳተ ገሞራ

núi lửa

ግምብ

lâu đài

ቀስተ ዳመና

cầu vồng

እንጉዳይ

nấm

የቴምብር ዛፍ/ ዘንባባ

cây cọ

በ ንብ / የወባ ትንኝ

con muỗi

በራሪ

con ruồi

ጉንዳን

con kiến

ንብ

con ong

ሸረሪት

con nhện

ጢንዚዛ

bọ cánh cứng

እንቁራሪት

con ếch

ሽኮኮ

con sóc

ጃርት

con nhím

ጥንቸል

con thỏ

ጉጉት ወፍ

con cú

ወፍ

con chim

የውሃ ዳክዬ

thiên nga

ከርከሮ

heo rừng

ኣጋዘን

con hươu

ኣጋዘን

nai sừng tấm

ግድብ

đê

በነፋስ የሚሽከረከር

tuabin gió

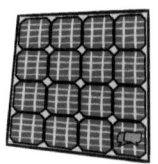

የፀሀይ ፓኔሎ

tấm năng lượng mặt trời

ኣየር ንብረት

khí hậu

አስተናጋጅ
bồi bàn

ማዉጫ
thực đơn

ወንበር
ghế

ፒሳ
bánh pizza

ሾርባ
súp

የጠረጴዛ ጨርቅ
khăn trải bàn

መክተፊያ
bộ dao nĩa ăn

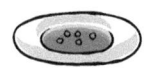

የምግብ ፍላጎትን የሚከፍት
···ምግብ···
món ăn khai vị

ዋና ምግብ
....
món ăn chính

ማጣጣሚያ ተከታይ ምግብ
....
món tráng miệng

መጠጦች
....
thức uống

ምግብ
....
thức ăn

ጠርሙስ
....
cái chai

ፈጣን ምግብ

thức ăn nhanh

የመንገድ ምግብ

thức ăn đường phố

የሻይ ማንቆርቆሪያ

ấm trà

የስኳር እቃ

hộp đường

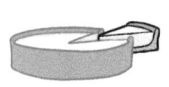

ድርሻ

khẩu phần

የቡና ማፈያ ማሽን

máy pha espresso

ባለጌ ወንበር

ghế cao

የክፍያ ደረሰኝ

hóa đơn

ትሪ

khay

ቢላዋ

dao

ሹካ

nĩa

ማንኪያ

thìa

የሻይ ማንኪያ

thìa uống trà

ልብስ ምግብ እንዳይነካ የሚረዳ ጨርቅ

khăn ăn

ብርጭቆ

cốc thủy tinh

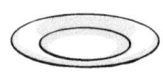

ዝርግ ሰሀን

đĩa

የሾርባ ጎድጓዳ ሰሀን

đĩa súp

የስኒ ማስቀመጫ

đĩa lót cốc

ማጣፈጫ ስጎ

nước sốt

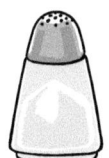

የጨዉ እቃ

lọ muối

የተፈጨ ቃሪያ

cái xay tiêu

ኮምጣጤ

giấm

የምግብ ዘይት

dầu

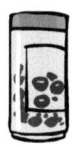

ቀመማ ቅመሞች

gia vị

የቲማቲም ድልህ

nước xốt cà chua

ሰናፍጭ

tương hạt cải

ማዮኔዝ

nước sốt mayonnaise

የሸቀጣ ሸቀጥ መደብር

siêu thị

ልዩ አቅራቦት
chào giá đặc biệt
FOR
ደምበኛ
khách hàng
የወተት ተዋፅዖ
sản phẩm từ sữa
ፍራፍሬ
trái cây
ባለ ጎማ የእጅ ጋሪ
xe đẩy mua sắm

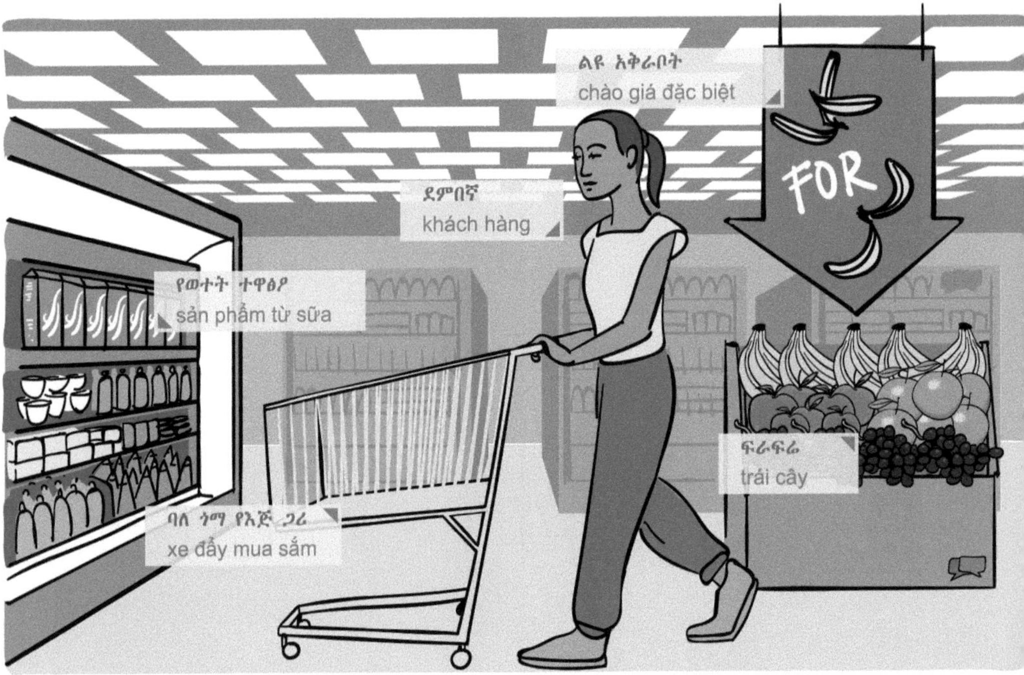

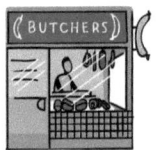

BUTCHERS

ሉካንዳ ነጋዴ

lò mổ

BAKERY

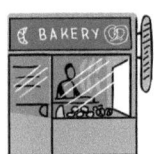

መጋገርያ

cửa hiệu bán bánh mì

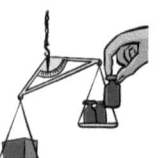

ክብደት መመዘን

cân nặng

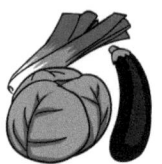

ቅጠላ ቅጠል አትክልት

rau quả

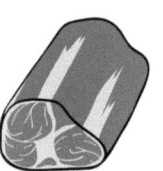

ስጋ

thịt

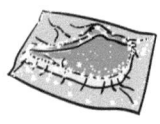

የቀዘቀዘ/የረጋ ምግብ

thức ăn đông lạnh

ቀዝቃዛ ቁራጭ

lát thịt nguội

የታሸገ ምግብ

đồ hộp

የማጠቢያ ዱቄት

bột giặt

ጣፋጮች

đồ ngọt

የቤት ዉስጥ ዉጤቶች

sản phẩm dùng trong gia đình

የፅዳት ምርቶች

chất tẩy rửa

የሽያጭ ባለሙያ

người bán hàng

የገንዘብ መመዝበ ማሽን

quầy trả tiền

የሒሳብ ሰራተኛ

nhân viên thu ngân

የግ዗ር ዝርዝር

danh sách mua sắm

ክፍት ሰዓታት

giờ mở cửa

የኪስ ቦርሳ

ví tiền

ክሬዲት ካርድ

thẻ tín dụng

ቦርሳ

túi đeo

የፕላስቲክ ቦርሳ

túi ny lông

ውሃ

nước

ጭማቂ

nước quả ép

ወተት

sữa

ኮካ-ኮላ

coca-cola

ወይን

rượu vang

ቢራ

bia

አልኮል

cồn

ኮካ

cacao

ሻይ

trà

ቡና

cà phê

የተፈላ ቡና

espresso

ካፑቺኖ

cappuccino

መዓዝ

chuối

ፖም

quả táo

ብርቱካን

quả cam

ህብሀብ

dưa hấu

ሎሚ

chanh

ካሮት

cà rốt

ነጭ ሽንኩርት

tỏi

ሽምበቆ

tre

ቀይ ሽንኩርት

củ hành

እንጉዳይ

nấm

ለዉዝ

hạt dẻ

የህፃናት ምግብ

mì

ፓስታ

mì spaghetti

ሩዝ

cơm

ሰላጣ

xà lách

የድንች ጥብስ

khoai tây chiên

ድንች ጥብስ

khoai tây chiên

ፒዛ

bánh pizza

ዳቦ ዉስጥ በስሱ ተጠብሶ የገባ
ስጋ
bánh hamburger

ሳንድዊች

bánh mì sandwich

ጥሬ ስጋ

thịt côtlet

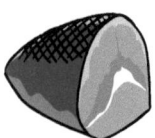

የአሳማ ስጋ

thịt giăm bông

በቅመምና በጨዉ የታሸ ምግብ
ቀዝቅዞ የሚበላ ሾርባ ምግብ

xúc xích

ቋሊማ

dồi

ዶሮ

gà

ጥብስ

rán

አሳ

cá

የአጃ ገንፎ

cháo yến mạch

ከወተት ጋር ተደባልቀዉ የሚበሉ ""ምግቦች··

cháo muesli

የበቆሎ ቅርፈት

bánh bột ngô nướng

ዱቄት

bột mì

ኩራሳ

bánh sừng bò

ድብልብል ዳቦ

bánh mì

ዳቦ

bánh mì

መጥበስ

bánh mì nướng

ብስኩት

bánh bích quy

ቅቤ

bơ

እርጎ

sữa đông

ኬክ

bánh ngọt

እንቁላል

trứng

እንቁላል ጥብስ

trứng rán

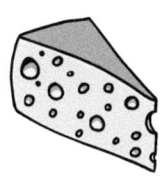

አይብ

pho mát

የበረዶ ክሬም

kem

ስኳር

đường

ማር

mật ong

ማርማላት

mứt

የተናጠ የወተት ክሬም

kem nougat

ማጣፈጫ

cà ri

እርሻ
nông trại

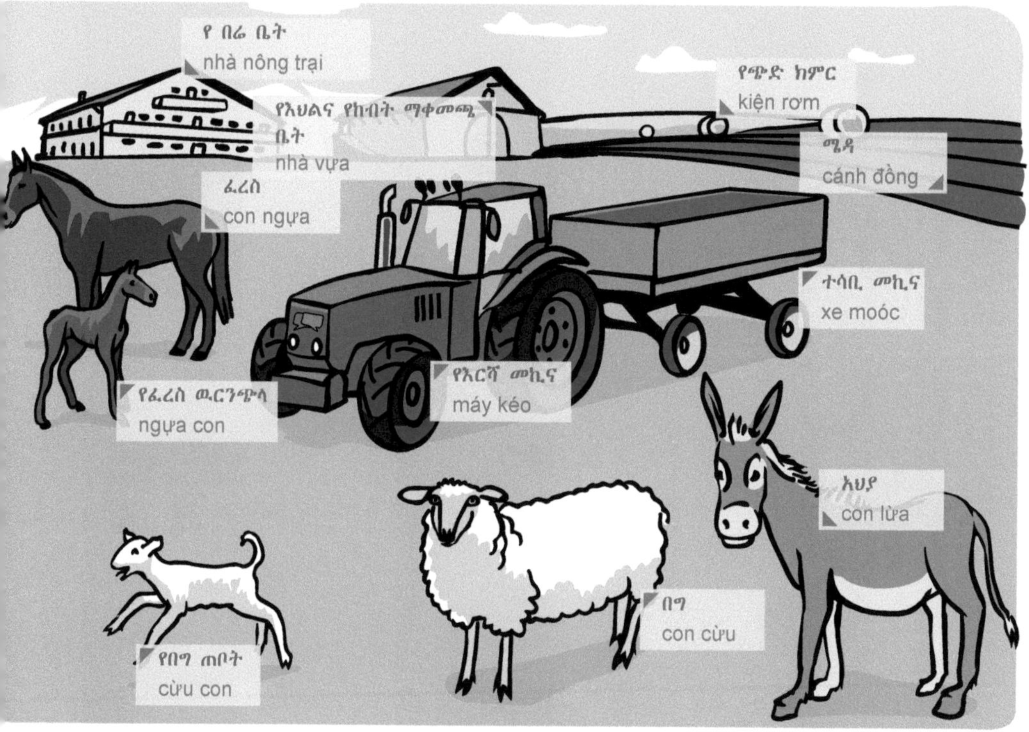
የ በሬ ቤት
nhà nông trại
የእህልና የከብት ማቀመጫ ቤት
nhà vựa
የጭድ ክምር
kiện rơm
ሜዳ
cánh đồng
ፈረስ
con ngựa
ተሳቢ መኪና
xe moóc
የእርሻ መኪና
máy kéo
የፈረስ ዉርንጭላ
ngựa con
አህያ
con lừa
በግ
con cừu
የበግ ጠቦት
cừu con

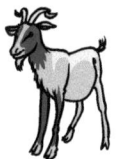

ፍየል

con dê

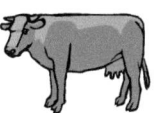

ላም

con bò

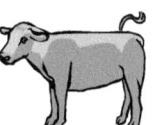

ጥጃ

con bê

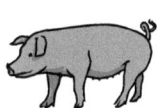

አሳማ

con lợn

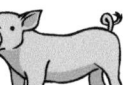

ግል ል አሳማ

lợn con

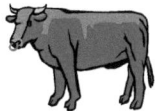

ኮርማ

bò đực

ዝይ

con ngỗng

ዳክዬ

con vịt

የዶሮ ጫጩት

gà con

ዶር

gà mái

አውራ ዶሮ

gà trống

አይጥ

con chuột

ደድመት

mèo

አይጥ

chuột nhắt

በሬ

bò đực

ውሻ

con chó

የውሻ ቤት

nhà chuồng chó

የአትክልት ቦታ

ống tưới vườn cây

ውሃ ማጠጫ ባልዲ

thùng tưới cây

ረጅም ማጭድ

lưỡi hái

ማረሻ

cái cày

ማጭድ

cái liềm

መኮትኮቻ

cái cuốc

የእህል መንሽ

cái chĩa

መጥረቢያ

cái rìu

ኩርኩር/ የእጅ ጋሪ

xe cút kít

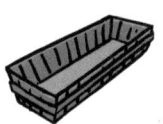

ገንዳ

máng ăn

የወተት ዕቃ

lọ sữa

ጆንያ ከረጢት

bao tải

አጥር

hàng rào

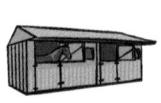

የፈረስ ጋጣ

chuồng

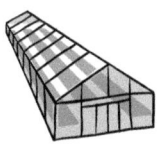

ዕፅዋት ማሳደጊያ የመስታዉት ቤት

nhà kính trồng cây

አፈር

đất trồng

ዘር

hạt giống

የመሬት ማዳበሪያ

phân bón

ጥምር ማረሻ

máy gặt đập liên hợp

አዝመራ መሰብሰብ

thu hoạch

አዝመራ

mùa thu hoạch

ድንች

khoai lang

ስንዴ

lúa mì

ሶያ

đậu nành

ድንች

khoai tây

በቆሎ

ngô

የከብት መኖ

hạt cải dầu

የፍሬ ዛፍ

cây ăn trái

የካሳቫ ዛፍ

sắn

እህል

ngũ cốc

ቤት

nhà

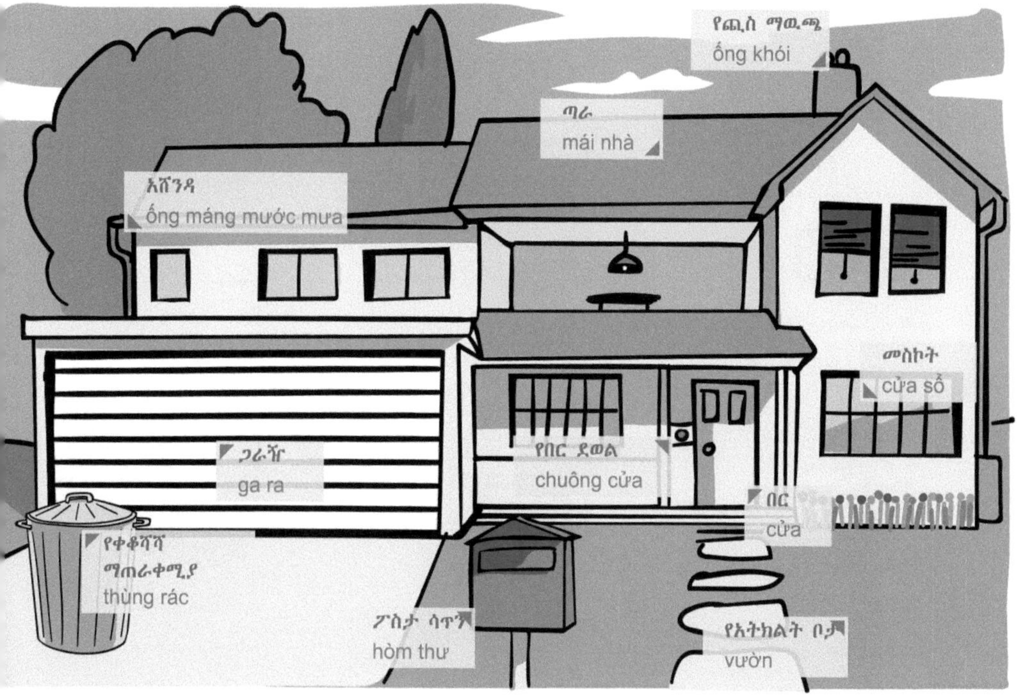

የጪስ ማውጫ
ống khói
ጣራ
mái nhà
አሸንዳ
ống máng mước mưa
መስኮት
cửa sổ
ጋራዥ
ga ra
የበር ደወል
chuông cửa
በር
cửa
የቀቆሻሻ ማጠራቀሚያ
thùng rác
ፖስታ ሳጥን
hòm thư
የአትክልት ቦታ
vườn

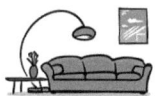

ሳሎን

phòng khách

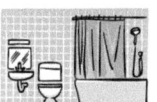

መታጠቢያ ቤት

phòng tắm

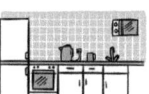

ማድቤት

bếp

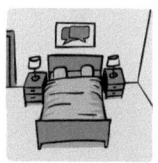

መኝታ ቤት

phòng ngủ

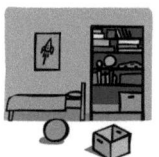

የልጅ ክፍል

phòng trẻ em

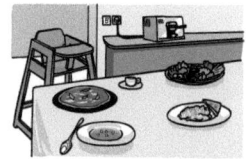

መመገቢያ ክፍል

phòng ăn

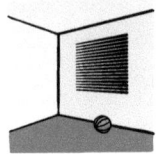

ወለል

nền nhà

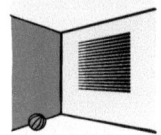

ግድግዳ

tường

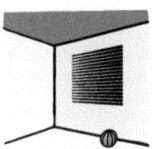

ጣሪያ

trần nhà

ምድር ቤት

tầng hầm

በእንፋሎት ሙቀት መታጠቢያ
ቤት

tắm hơi

ሰገነት

ban công

ክፍ ያለ መደብ

sân hiên

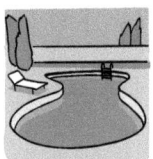

የመዋኛ ገንዳ

bể bơi

የማጨጃ መኪና

máy cắt cỏ

አንሶላ

khăn trải giường

የአልጋ ልብስ

khăn trải giường

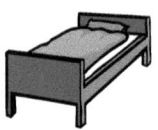

አልጋ

giường

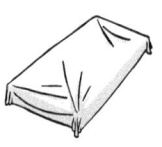

መጥረጊያ

chổi

ባልዲ

cái xô

ማብሪያና ማጥፊያ

công tắc điện

phòng khách

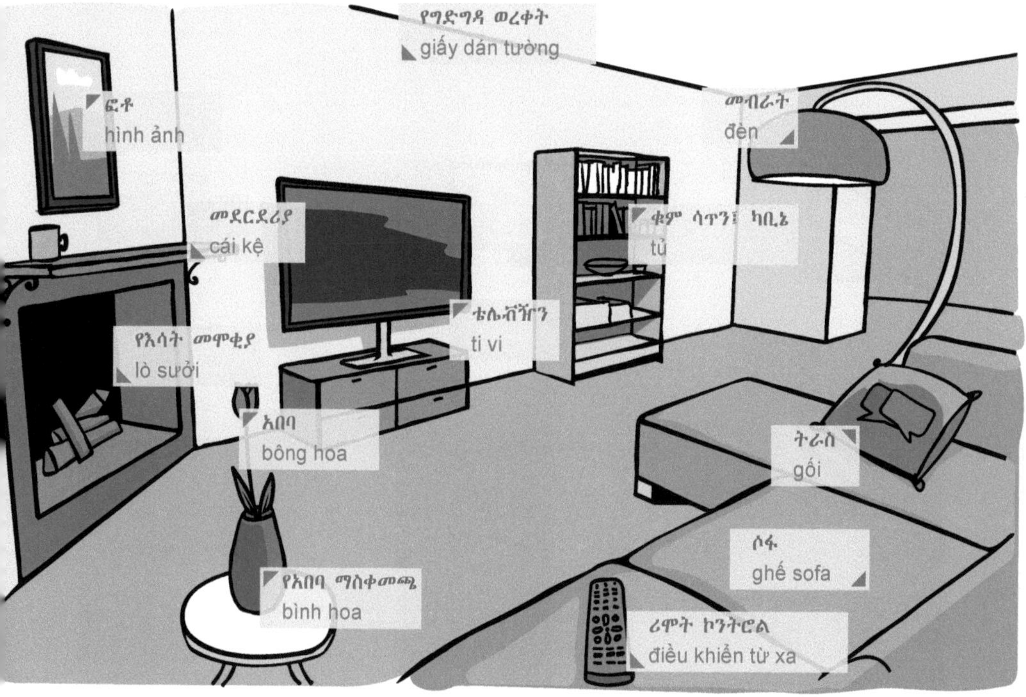
የግድግዳ ወረቀት
giấy dán tường
ፎቶ
hình ảnh
መብራት
đèn
መደርደሪያ
cái kệ
ቁም ሳጥን፣ ካቢኔ
tủ
ቴሌቭዥን
ti vi
የእሳት መሞቂያ
lò sưởi
አበባ
bông hoa
ትራስ
gối
ሶፋ
ghế sofa
የአበባ ማስቀመጫ
bình hoa
ሪሞት ኮንትሮል
điều khiển từ xa

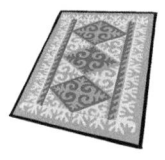

ንጣፍ

thảm

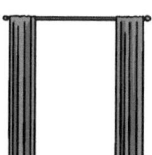

መጋረጃ

rèm

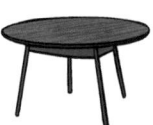

ጠረጴዛ

cái bàn

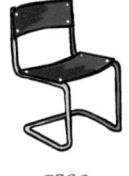

ወንበር

ghế

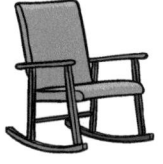

ተወዛዋዥ ወንበር

ghế bập bênh

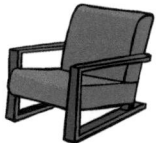

ባለመደገፊያ ወንበር

ghế bành

መጽሐፍ

sách

ብርድ ልብስ

cái chăn

ጌጥ

đồ trang trí

ማገዶ

củi

ፊልም

phim

የሙዚቃ መማጫወቻ

máy hi-fi

ቁልፍ

chìa khóa

ጋዜጣ

báo

ስዕል

bức tranh

የተለጠፈ ማስታወቂያ እንደ ስዕል

áp phích

ራዲዮ

radio

ማስታወሻ ደብተር

sổ ghi chép

የአየር ማዕጃ ለምንጣፍ

máy hút bụi

ቁልቁል

cây xương rồng

ሻማ

cây nến

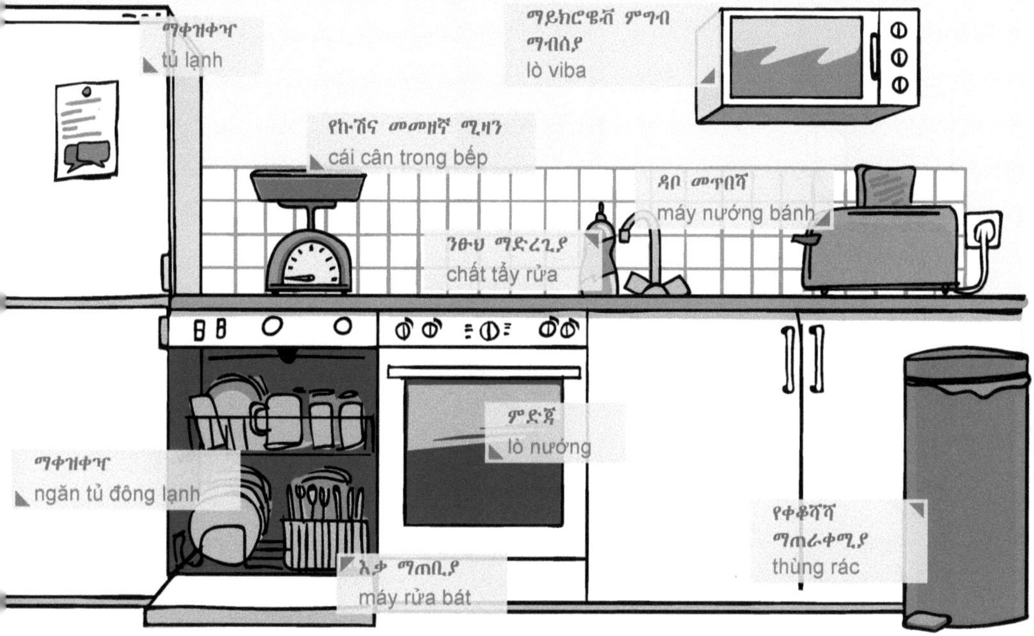

ማቀዝቀዣ
tủ lạnh

ማይክሮዌቭ ምግብ
ማብሰያ
lò viba

የኩሽና መመዘኛ ሚዛን
cái cân trong bếp

ዳቦ መጥበሻ
máy nướng bánh

ንፁህ ማድረጊያ
chất tẩy rửa

ምድጃ
lò nướng

ማቀዝቀዣ
ngăn tủ đông lạnh

የቆሻሻ
ማጠራቀሚያ
thùng rác

እቃ ማጠቢያ
máy rửa bát

ምግብ አብሳይ
lò nấu

ማሰሮ
nồi

የብረት ማሰሮ
nồi sắt

ምግብ ማብሰያ ጠርዝ ድስት
chảo

የምግብ መጥበሻ
chảo

ማንቆርቆሪያ
ấm đun nước

የእንፉሎት ማብሰያ

nồi đun hơi

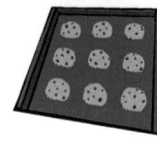

የመጋገሪያ ትሪ

khay lò nướng

ሰብስቦች

bát đĩa

ትልቅ ኩባያ

cốc

ጎድጓዳ ሳህን

cái bát

ቾፕስቲክስ

đũa

ጭልፋ

cái vá

መሰቅሰቂያ ዝርግ ማንኪያ

bàn xẻng

ማደባለቂያ

que đánh kem

መወጠሪያ

rây dung trong bếp

ወንፊት

cái rây lọc

መፈርፈሪያ መሳሪያ

cái nạo

ሲሚንቶ

vữa

የፍም ጥብስ

vỉ nướng

የተለቀቀ እሳት

ngọn lửa trần

መክተፊያ

cái thớt

ተንሻራታች መርፈ

trục cán bột

የጠርሙስ መክፈቻ

cái mở nút chai

ጣሳ

vỏ đồ hộp

የጣሳ መክፈቻ

cái mở vỏ đồ hộp

የማሰሮ መሸፈኛ

miếng nhấc nồi

ሳህን የሚጠቢያ

bồn rửa bát

ብሩሽ

bàn chải

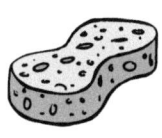

ስፖንጅ

miếng xốp

መደባለቂያ መሳሪያ

máy xay

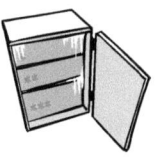

በጣም ማቀዝቀዣ

tủ đông lạnh

ጡጦ

bình sữa cho trẻ sơ sinh

ቧንቧ

vòi nước

መታጠቢያ ቤት

phòng tắm

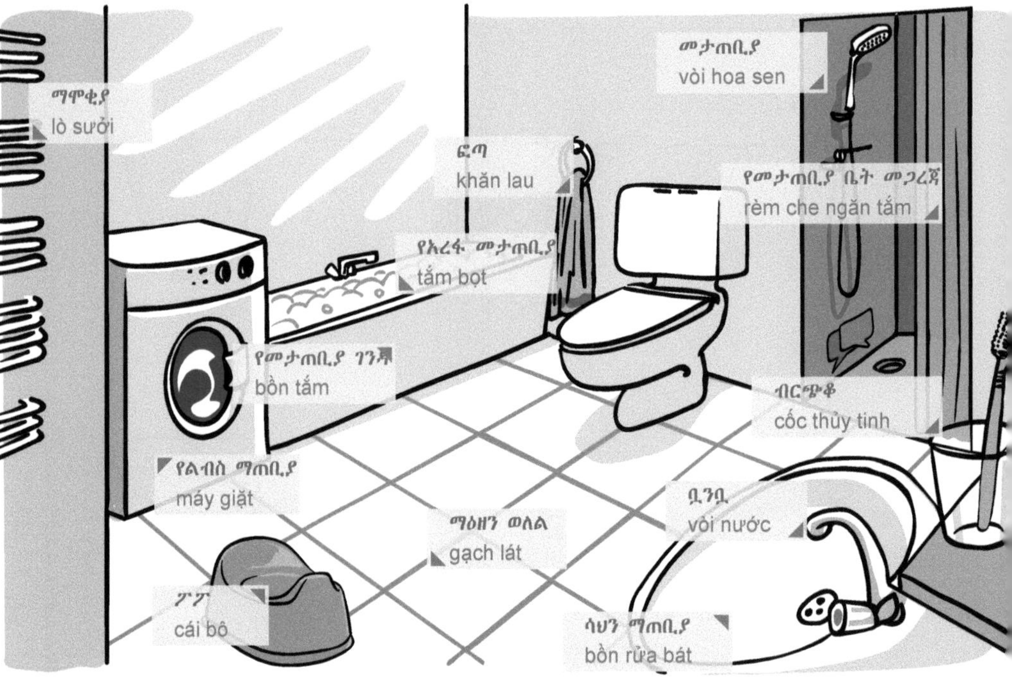

ማሞቂያ
lò sưởi
ፎጣ
khăn lau
መታጠቢያ
vòi hoa sen
የመታጠቢያ ቤት መጋረጃ
rèm che ngăn tắm
የአረፋ መታጠቢያ
tắm bọt
የመታጠቢያ ገንዳ
bồn tắm
ብርጭቆ
cốc thủy tinh
የልብስ ማጠቢያ
máy giặt
ቧንቧ
vòi nước
ማዕዘን ወለል
gạch lát
ፖፖ
cái bô
ሳህን ማጠቢያ
bồn rửa bát

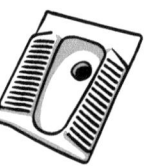

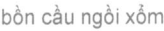

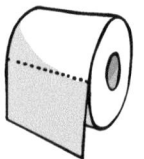

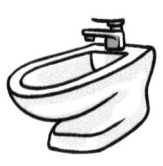

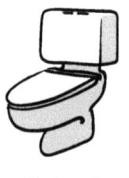

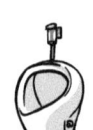

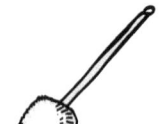

ሽንት ቤት

bồn cầu

የሽንት ቤት መቀመጫ

bồn cầu ngồi xổm

ሳፋ

bồn rửa hậu môn

የመንገድ ዳር መሽኛ

bồn tiểu tiện

የሽንት ቤት ወረቀት

giấy vệ sinh

የሽንት ቤት ማፅጃ ብሩሽ

bàn chải cọ bồn cầu

የጥርስ ብሩሽ

bàn chải đánh răng

የጥርስ ሳሙና

kem đánh răng

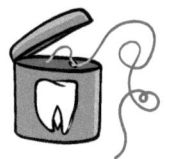

የጥርስ ማፅጃ ክር

chỉ nha khoa

መታጠብ

rửa

የእጅ መታጠቢያ

vòi sen cầm tay

መታጠቢያ

vòi rửa hậu môn

ጎድንዳ ሳህን

bồn rửa

የጀርባ ብሩሽ

bàn chải cọ lưng

ሳሙና

xà phòng

የመታጠቢያ የሚዝለገለግ ሳሙና

sữa tắm

የፀጉር መታጠቢያ ሳሙና

dầu gội

ለስላሳ ጨርቅ

khăn cọ để tắm

ፍሳሽ

lỗ thoát nước

ክሬም

kem

ጠረን መቀየሪያ ንጥረ ነገር

chất khử mùi

መታጠቢያ ቤት - phòng tắm

መስታወት

gương

የእጅ መስታወት

gương tay

ምላጭ

dao cạo râu

የመላጫ አረፋ

kem cạo râu

ከመላጨት በኋላ የሚቀባ ሽቱ

nước thơm dùng sau khi
cạo râu

ማበጠሪያ

cái lược

ብሩሽ

bàn chải

የፀጉር ማድረቂያ

máy xấy tóc

በፀጉር ላይ የሚነፋ

keo xịt tóc

የፊት መቀባቢያ

đồ trang điểm

የከንፈር ቀለም

thỏi son môi

የጥፍር ቀለም

sơn bôi móng

የጥጥ ሱፍ

bông

ጥፍር መቁረጫ

kéo cắt móng

ሽቶ

nước hoa

ማጠቢያ ባልዲ

túi đựng đồ tắm

መቀመጫ

ghế đẩu

ሚዛን

cái cân

የመታጠቢያ ልብስ

áo choàng tắm

የላስቲክ ጓንት

găng tay làm vệ sinh

ሞዴስ

nút gạc

የዕዳት ፎጣ

băng vệ sinh

የሽንት ቤት ኬሚካል

nhà vệ sinh hóa chất

የልጅ ክፍል

phòng trẻ em

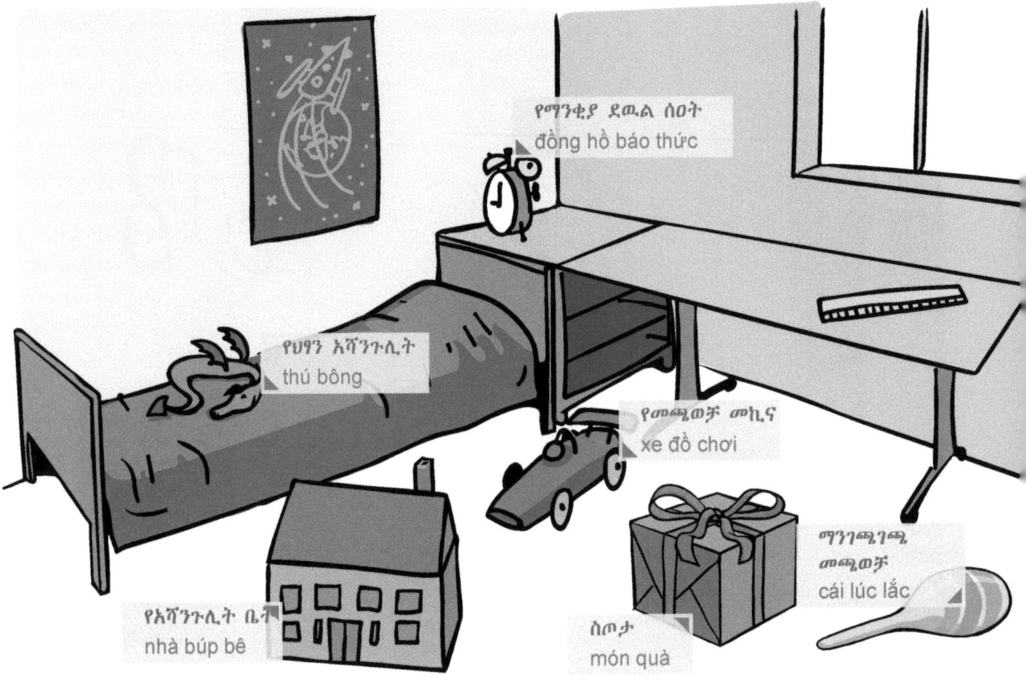

የማንቂያ ደዉል ሰዐት
đồng hồ báo thức
የህፃን አሻንጉሊት
thú bông
የመጫወቻ መኪና
xe đồ chơi
ማንገጫገጫ መጫወቻ
cái lúc lắc
የአሻንጉሊት ቤት
nhà búp bê
ስጦታ
món quà

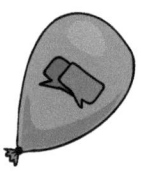

ፊኛ

bong bóng

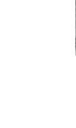

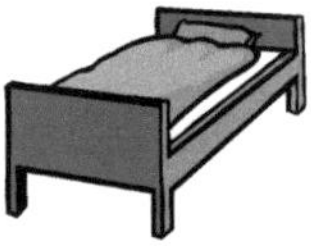

አልጋ

giường

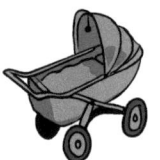

የህፃን ማንሸራሸሪያ ጋሪ

xe nôi

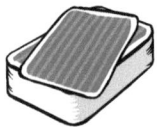

የካርታ መጫወቻ

trò chơi bài

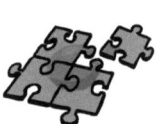

ቁርጥራጭ ምስሎችን የማገጣጠም እና ምስል የማግኘት ጨዋታ

trò chơi ghép hình

SUPER
MEGA

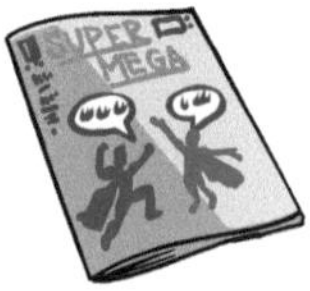

አዝናኝ

truyện tranh

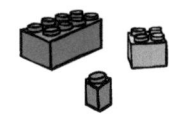

ተገጣጣሚ መጫወቻ

gạch Lego

የመጫወቻ መገጣጠሚያዎች

khối xếp hình

የድርጊት ምስል

nhân vật hành động

የህፃን እድገት

o liền quần cho trẻ sơ sinh

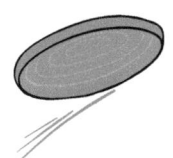

የፕላስቲክ መጫወቻ ዝርግ ሰሀን

đĩa nhựa để ném

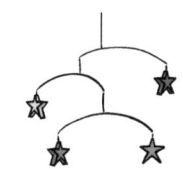

ተወዛዋዥ የህፃን ማጫወቻ

đồ chơi treo trên giường

የሰሌዳ ጨዋታ

trò chơi cờ bàn

የመጫወቻ ጠጠር

xúc xắc

የመጫወቻ ባቡር

đồ chơi xe lửa mô hình

የእንጀራ እናት ጡጦ

ti giả

ድግስ

buổi tiệc

የስዕል መፅሀፍ

sách tranh

ኳስ

quả bóng

አሻንጉሊት

búp bê

መጫወት

chơi

የአሸዋ መጫወቻ

hố cát

ኙዋኙዌ

cái đu

መጫወቻዎች

đồ chơi

የቪዲዮ መጫወቻ

máy chơi game cầm tay

ባለ ሶስት ጎማ ብስክሌት

xe ba bánh

የአሻንጉሊት ድብ

gấu bông

ቁምሳጥን

tủ quần áo

አልባሳት

y phục

ካልሲዎች

bít tất

ስቶኪንጎች

bít tất dài

ታይት

quần tất

የአንገት ልብስ
khăn choàng cổ

ግንጥላ
ô che mưa

ክናቴራ
áp phông

ቀበቶ
dây thắt lưng

ቡቲ
ủng

የቤት ዉስጥ ነጠላ ጫማ
dép đi trong nhà

ስኒከሮች
giày sneaker

ነጠላ ጫማዎች
dép xăng đan

ጫማዎች
giày

የጎማብ ቡትስ
ủng cao su

ሙታንታ
quần lót

ጡት መያዣ
áo ngực

ሰደርያ
áo vest

ሰዉነት

áo ôm sát cơ thể

ሱሪዎች

quần dài

ጅንስ

quần bò

ጉርድ ቀሚስ

váy

ሽሚዝ

áo cánh

ሽሚዝ

áo sơ mi

የሚጠለቅ ሹራብ

áo len chui đầu

ሹራብ

áo len

ዩኒፎርም ጃኬት

áo blazer

ጃኬት

áo jacket

ኮት

áo khoác

የዝናብ ኮት

áo mưa

ልብስ

trang phục

ቀሚስ

áo váy

የመጫሻ ቀሚስ

áo cưới

ሱፍ

bộ com lê

የለሊት ልብስ

áo ngủ

የለሊት ልብስ

pijama

ረኞም ቀሚስ

trang phục sari

ሂጃብ

khăn trùm đầu

ጥምጣም

khăn đội đầu

ቡርቃ

áo burka

ሽርጥ

áo captan

አባያ

áo aba

የዋና ልብስ

quần áo bơi

አጭር ቁምጣ

quần bơi

ቁምጣዎች

quần đùi

የስራ ቁታ

quần áo tracksuit

ሽርጥ

tạp dề

ጓንት

găng tay

ቁልፍ

cái cúc

መነፅር

kính mắt

አምባር

vòng đeo tay

የአንገት ሀብል

vòng cổ

ቀለበት

nhẫn

የጆሮ ጌጥ

hoa tai

ኮፍያ

mũ lưỡi trai

የኮት መስቀያ

cái mắc treo áo quần

ኮፍያ

mũ

ከረባት

cà vạt

ዚፕ

dây kéo phéc mơ tuya

የብረት ቆብ

mũ bảo hiểm

መደገፊያ

dây đeo quần

የትምህርት ቤት የደንብ ልብስ

đồng phục học sinh

የደንብ ልብስ

đồng phục

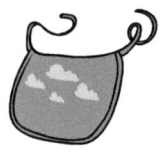

መሃረብ

yếm trẻ em

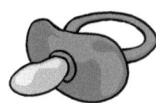

የእንጀራ እናት ጡጦ

ti giả

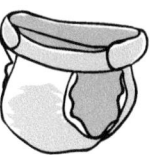

ሽንት ጨርቅ

tã lót

ቢሮ

văn phòng

ማሰራጫ ጣቢያ
máy chủ
የፋይል መ ር ሪያ ካቢኔ
tủ hồ sơ
የህትመት መሳሪያ
máy in
መቆጣጠሪያ
màn hình
ወረቀት
giấy
መ ፊያ ጠረጴዛ
bàn làm việc
ማ ዝ
chuột máy tính
ማህ ር
thư mục
የመ ፊ ቁልፎች
bàn phím
የቆሻሻ ወረቀት መጣያ ቅርጫት
thùng rác giấy
ኮምፒ ተር
máy tính
ወንበር
ghế

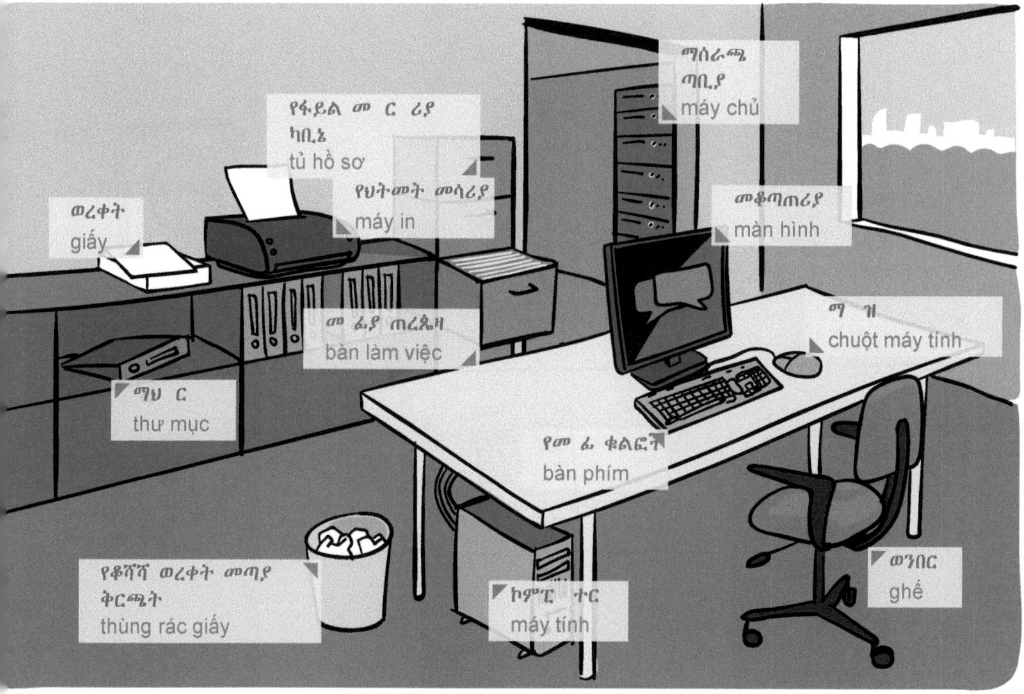

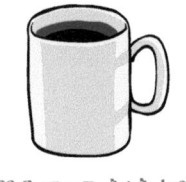

የቡና መጠጫ ትልቅ ኩባያ

cốc cà phê

ማስልያ ማሽን

máy tính bỏ túi

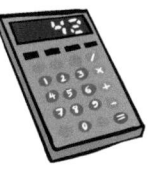

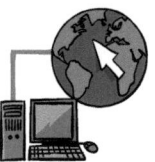

ኢንተርኔት

internet

ላፕቶፕ

laptop

ደብዳቤ

thư

መልዕክት

tin nhắn

ተንቀሳቃሽ ስልክ

điện thoại di động

የግንኙነት አዉታር

mạng

ማባዣ ማሽን

máy photocopy

ሶፍትዌር

phần mềm

ስልክ

điện thoại

የግድግዳ ሶኬት

ổ cắm điện

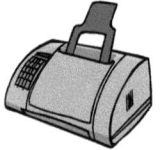

የፋክስ ማሽን

máy fax

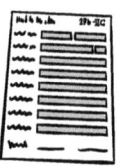

ቅፅ

mẫu đơn

ሰነድ

chứng từ

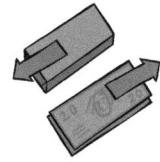

መግዛት·

mua

መክፈል

trả tiền

መነገድ·

buôn bán

ገንዘብ

tiền

USD

ዶላር

đô la

EUR

ዩሮ

Euro

JPY

የን

yên

RUB

ብል

rúp

CHF

የ ዊዝ ፍራንክ

franc Thụy Sĩ

CNY

ንሚንቢ, ዩዋን

nhân dân tệ

INR

ሩ.

rupi

የገንዘብ ነጥብ

máy rút tiền tự động

የዉጭ ገንዘብ ምንዛሪ ቢሮ

quầy đổi tiền

ወርቅ

vàng

ብር

bạc

ዘይት

dầu

ሀይል፤ ጉልበት

năng lượng

ዋጋ

giá tiền

ግንኙነት

hợp đồng

ቀረጥ

thuế

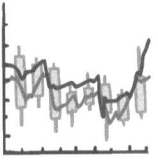

አክስዮን

cổ phiếu

መስራት

làm việc

ተቀጣሪ

nhân viên

ቀጣሪ

chủ lao động

ፋብሪካ

nhà máy

ሱቅ

cửa hiệu

የስራ ሙያዎች

nghề nghiệp

የፖሊስ አዛዥ
nhân viên cảnh sát
የእሳት አደጋ ሰራተኛ
lính cứu hỏa
ግብ አብሳይ
đầu bếp
ክተር
bác sĩ
አብራሪ
phi công

አትክልተኛ

người làm vườn

አናጢ

thợ mộc

ልብስ ሰፊ ሴት

thợ may

ዳኛ

chánh án

ቀማሚ

nhà hóa học

ተዋናይ

diễn viên

የአዉቶቢስ ሹፌር

tài xế xe buýt

የታክሲ ሹፌር

người lái taxi

ዓሳ አጥማጅ

ngư dân

ፅዳት ሰራተኛ

người lau dọn vệ sinh

የጣራ ሰራተኛ

thợ lợp mái nhà

አስተናጋጅ

bồi bàn

አዳኝ

thợ săn

ሰዓሊ

họa sĩ

ጋጋሪ

thợ làm bánh

የኤሌትሪክ ሰራተኛ

thợ điện

ገምቢ

thợ xây dựng

መሃሃዲስ

kỹ sư

ልካንዳ

người hàng thịt

የ ን ሰራተኛ

thợ sửa ống nước

የፖስታ ሰራተኛ

người đưa thư

54   የስራ ሙያዎች - nghề nghiệp

ወታደር
....
người lính

መሃንዲስ
....
kiến trúc sư

የሒሳብ ሰራተኛ
....
nhân viên thu ngân

አበባ ሻጭ
....
người bán hoa

የፀጉር ሰራተኛ
....
thợ cắt tóc

ቲኬት ቆራጭ
....
nhân viên soát vé

መካኒክ
....
thợ cơ khí

ካፒቴን
....
thuyền trưởng

የጥርስ ሐኪም
....
nha sĩ

ተመራማሪ
....
nhà khoa học

መምህር
....
giáo sĩ Do thái

የሙስሊም ሃይማኖታዊ መሪ
....
lãnh tụ Hồi giáo

መነኩሴ
....
nhà sư

ካህን
....
mục sư

መሳሪያዎች

dụng cụ

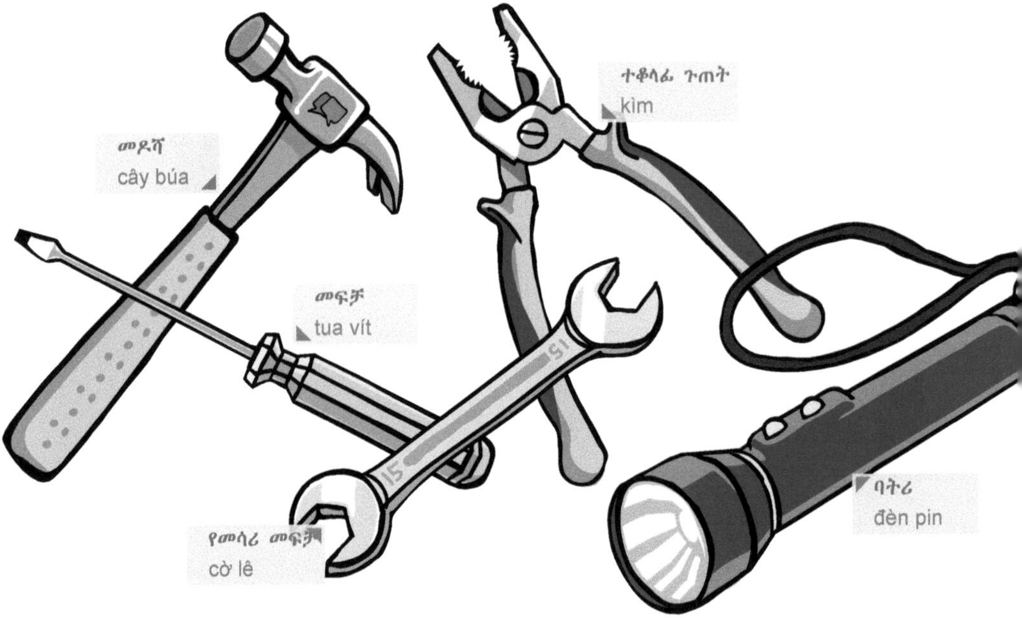

ተቆላፊ ጉጠት
kìm
መዶሻ
cây búa
መፍቻ
tua vít
የመሳሪ መፍቻ
cờ lê
ባትሪ
đèn pin

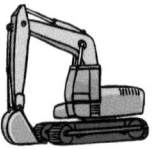

በቁፋሮ የሚዝቅ

máy xúc đất

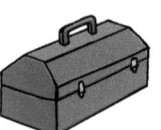

የመፍቻ ሳጥን

hộp dụng cụ

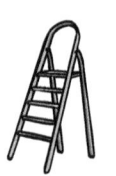

መሰላል

cái thang

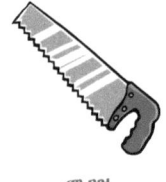

መጋዝ

cưa

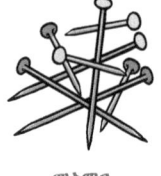

ምስማር

đinh

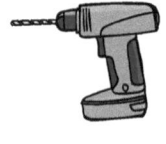

መሰርሰሪያ

máy khoan

መጠገን
....
sửa chữa

አካፉ
....
cái xẻng

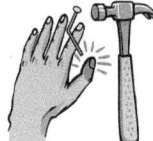

የተረገመ!
....
khốn nạn!

ቆሻሻ ማፈሻ
....
cái hót rác

የቀለም ቆርቆሮ
....
thùng sơn

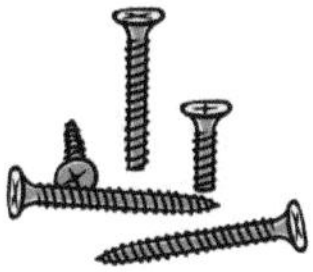

ብሎን
....
vít

የሙዚቃ መሳሪያዎች
nhạc cụ

የከበሮ መሳሪያዎች
bộ trống

የድምፅ ማጉያ
መሳርያ
loa

ክራር መሰል የሙዚቃ
መሳሪያ
đàn ghi ta

ድርብ ቤዝ ጊታር
đàn công tra bát

የትንፋሽ ሙዚቃ
መሳሪያ
kèn trompet

ፒያኖ

đàn piano

ቫዮሊን

đàn vĩ cầm

ወፍራም፤ ኰርናና ድምፅ ያለዉ
ክራC መሰል ሙዚቃ መሳሪያ

ghi ta bass

ነጋሪት

trống định âm

ከበሮ

trống

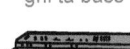

በኤሌክትሪክ የሚሰራ ፒኖ

đàn organ

የትንፋሽ ሙዚቃ መሳሪያ

kèn Saxophone

ዋሽንት

sáo

የድምፅ ማጉያ

micro

የደር እንስሳት ማቆያ

vườn bách thú

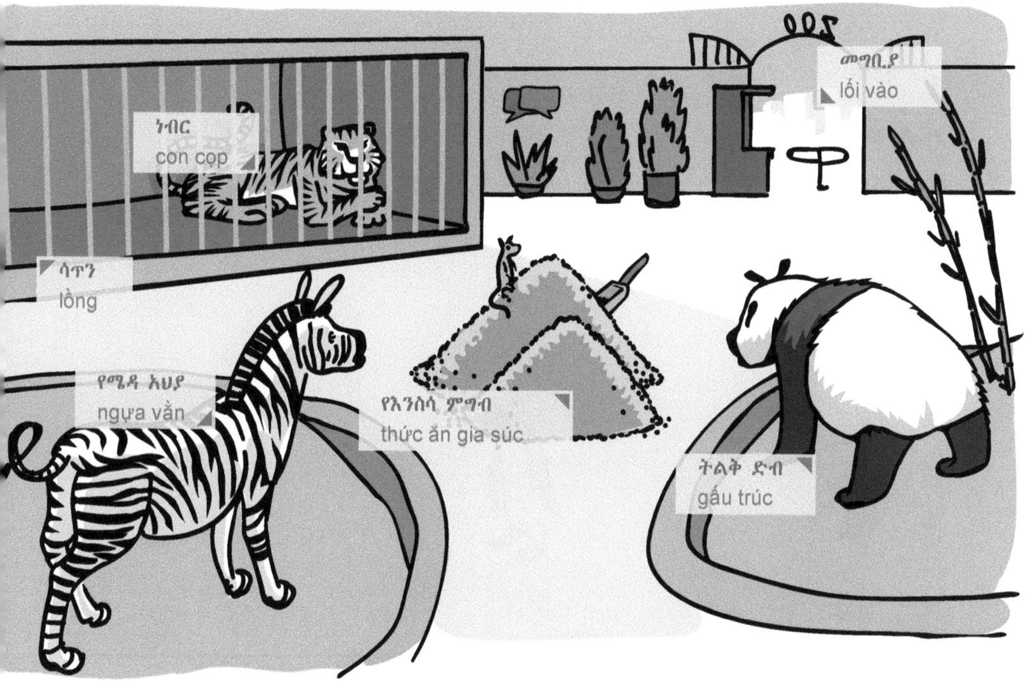

ነብር
con cọp
ሳጥን
lồng
የሜዳ አህያ
ngựa vằn
የእንስሳ ምግብ
thức ăn gia súc
ትልቅ ድብ
gấu trúc
መግቢያ
lối vào

እንስሳቶች

đồng vật

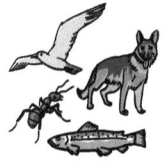

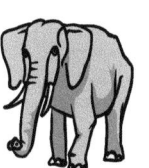

ዝሆን

con voi

ካንጋሮ

chuột túi

አዉራሪስ

tê giác

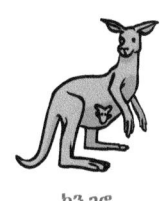

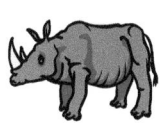

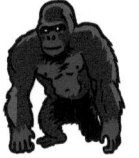

ትልቅ ዝንጀሮ

khỉ đột

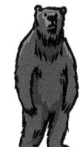

ድብ

con gấu

ግመል

lạc đà

ሰጎን

đà điểu

አንበሳ

sư tử

ጦጣ

con khỉ

ቅልጥም ረጃም ወፍ

hồng hạc

በቀቀን

con vẹt

የወዋልታ ድብ

gấu bắc cực

የዋልታ ወፎች

chim cánh cụt

ረጃም ጥርሶች ያሉትአሳ ነባሪ

cá mập

ጣዎስ

con công

እባብ

con rắn

አዞ

cá sấu

የዱር አራዊት የሚጠበቁበት
ማቆያን የሚጠብቅ

người trông giữ vườn bách
thú

አሳ በሊታ የባህር እንስሳ

hải cẩu

የዱር ድመት

báo đốm

ድንክ ፈረስ

ngựa lùn

ነብር

con báo

ጉማሬ

hà mã

ቀጭኔ

hươu cao cổ

ንስር

đại bàng

ክርከሮ

heo rừng

ዓሳ

cá

የባህር ኤሊ

con rùa

የባህር ዌራ

hải mã

ቀበሮ

con cáo

የሜዳ ፍየል ፤ ሚዳቋ

linh dương

የ ሜሪካ እግርካስ
bóng bầu dục Mỹ

የ ስክሌት ስፖርት
đua xe đạp

ቴኒስ
quần vợt

የቅርጫት ኳስ
bóng rổ

ዋና
bơi

የቡጢ ስፖርት
đấm bốc

የበረዶ ላይ የገና ጨዋታ
khúc côn cầu trên băng

እግር ኳስ
bóng đá

የላባ ኳስ ጨዋታ
cầu lông

ትሌቲክስ
điền kinh

የእጅ ኳስ ስፖርት
bóng ném

የበረዶ መንሸራተት ስፖርት
trượt tuyết

ረስ ግልቢያ
polo

መዝለል
nhảy

ማቀፍ
ôm

መሳቅ
cười

መዘመር
ca hát

መራመድ
đi bộ

መፀለይ
cầu nguyện

መሳም
hôn

ህልም ማለም
mơ

መፃፍ
viết

መሳል
vẽ

ማሳየት
chỉ trỏ

መግፋት
đẩy

መስጠት
cho

መዉሰድ
lấy đi

መያዝ

có

ማድረግ

làm

መሆን

thì / là

መቆም

đứng

መሮጥ

chạy

መሳብ

kéo

መወርወር

ném

መዉደቅ

rơi

መዋሸት

nằm

መጠበቅ

chờ đợi

መሸከም

mang vác

መቀመጥ

ngồi

መልበስ

mặc quần áo

መተኛት

ngủ

መንቃት

thức dậy

እንቅስቃሴዎች - các hoạt động

መመልከት
....
xem

ማልቀስ
....
khóc

መጫር
....
vuốt ve

ማበጠር
....
chải

ማዉራት
....
nói chuyện

መረዳት
....
hiểu

ያቄ
....
câu hỏi

ማዳመ
....
nghe

መጠ ት
....
uống

መብላት
....
ăn

ማንጻት
....
dọn dẹp

ማፍቀር
....
yêu

ምግብ ማብሰል
....
nấu nướng

መንዳት
....
lái xe

መብረር
....
bay

መርከብ መንዳት

đi thuyền buồm

ቁጥሮችን ማስላት

tính toán

ማንበብ

đọc

መማር

học

መስራት

làm việc

ማግባት

cưới

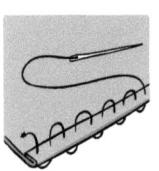

መስፋት

khâu vá

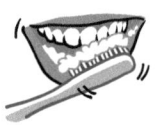

ጥርስ መቦረሽ

đánh răng

መግደል

giết

ማጨስ

hút thuốc

መላክ

gửi đi

ት አያት
nội (ngoại)

የወንድ አያት
ông nội (ngoại)

አባት
cha

እናት
mẹ

ህፃን
trẻ con

ሴት ልጅ
con gái

ወንድ ልጅ
con trai

እንግዳ
khách

አክስት
cô (dì)

አጎት
chú, bác (cậu)

ወንድም
anh (em) trai

እህት
chị (em) gái

አካል

cơ thể

ግንባር
trán
አይን
mắt
ፊት
mặt
አገጭ
cằm
ጡት
ngực
ጣት
ngón tay
እጅ
bàn tay
ክንድ
cánh tay
ትከሻ
vai
እግር
chân

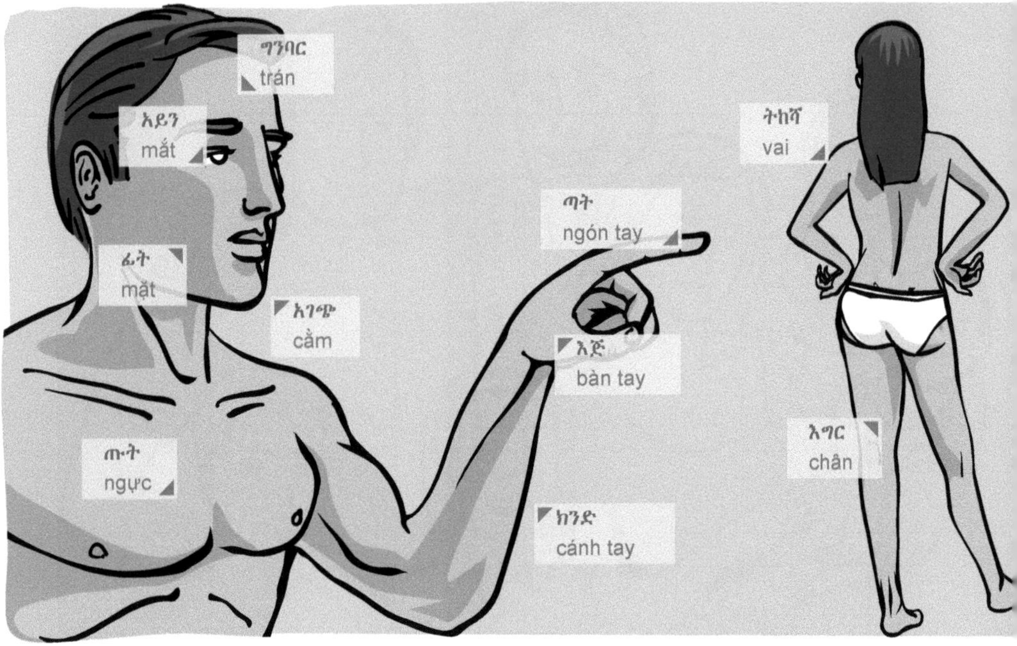

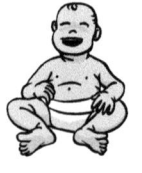

ህፃን

trẻ con

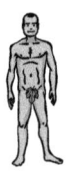

ሰዉ

đàn ông

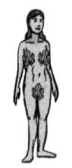

ሴት

phụ nữ

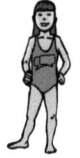

ልጃገረድ

bé gái

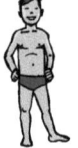

ወንድ ልጅ

bé trai

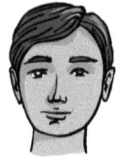

ራስ

đầu

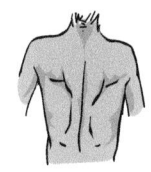

ጀርባ

lưng

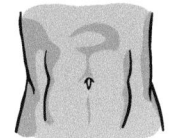

ሆድ

bụng

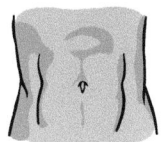

እምብርት

rốn

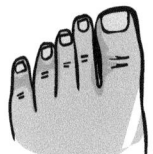

የእግር ጣት

ngón chân

ተረከዝ

gót chân

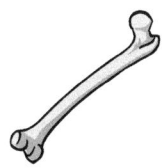

አጥንት

xương

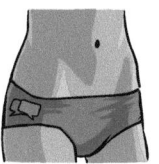

ዳሌ

hông

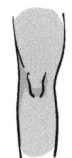

ጉልበት

đầu gối

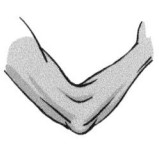

ክርን

khuỷu tay

አፍንጫ

mũi

ቂጥ

mông

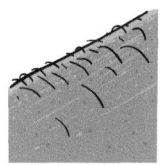

ቆዳ

da

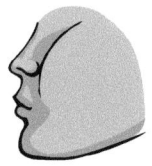

ጉንጭ

má

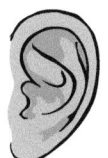

ጆሮ

tai

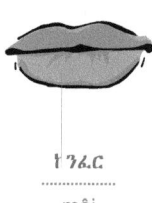

ከንፈር

môi

አፍ

miệng

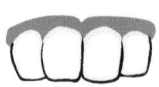

ጥርስ

răng

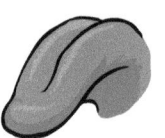

ምላስ

lưỡi

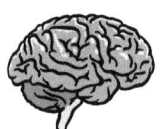

አንጎል

não

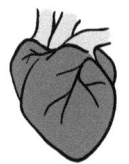

ልብ

tim

ጡንቻ

cơ bắp

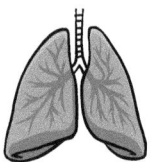

ሳምባ

phổi

ጉበት

gan

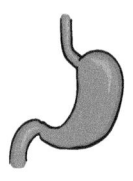

ሆድ

dạ dày

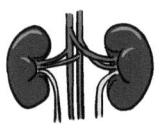

ኩላሊቶች

thận

የግብረስጋ ግንኙነት

giao hợp

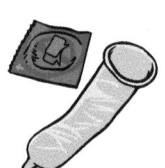

ኮንዶም

bao cao su

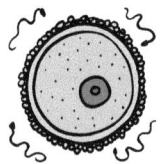

የሴት እንቁላል

noãn

የHC ፈሳሽ

tinh dịch

እርግዝና

mang thai

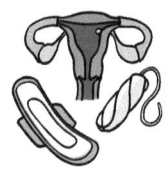

የወር አበባ

kinh nguyệt

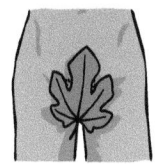

እምስ

âm vật

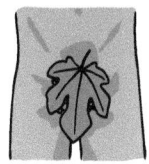

ቁላ

dương vật

ቅንድብ

lông mày

ፀጉር

tóc

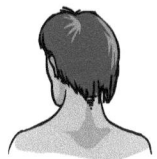

አንገት

cổ

ሆስፒታል
bệnh viện

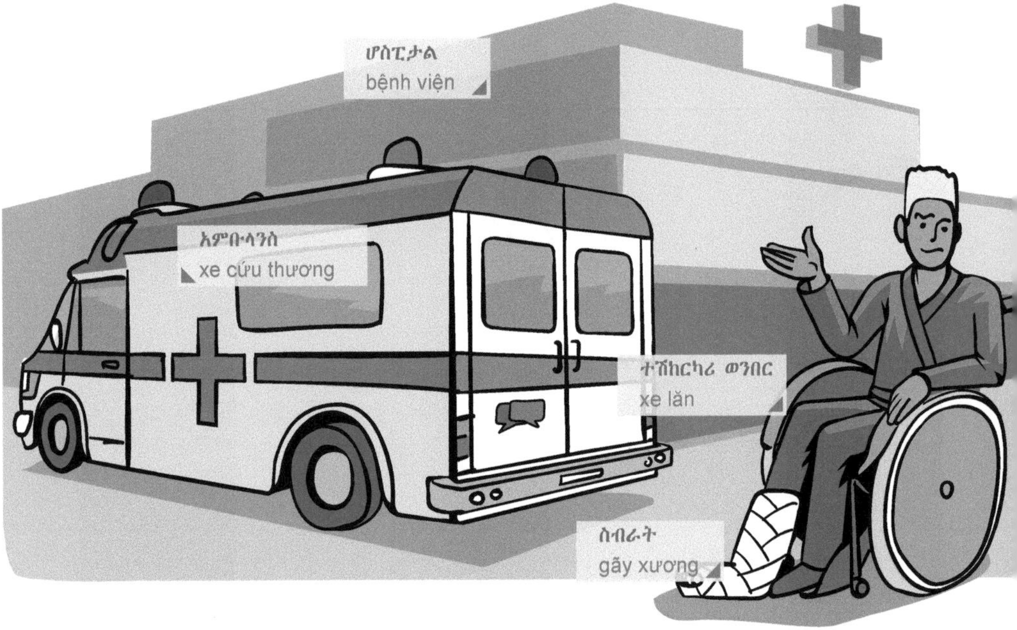

ሆስፒታል
bệnh viện
አምቡላንስ
xe cứu thương
ተሽከርካሪ ወንበር
xe lăn
ስብራት
gãy xương

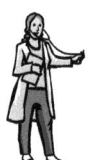

ዶክተር

bác sĩ

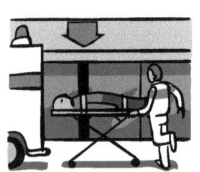

ድንገተኛ ክፍል

phòng cấp cứu

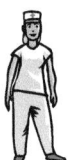

ነርስ

y tá

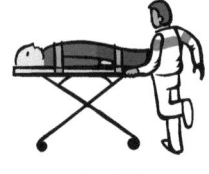

ድንገተኛ

cấp cứu

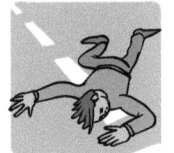

ራስን መሳት/ አለማወቅ

bất tỉnh

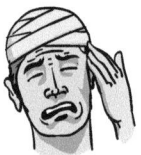

ህመም

cơn đau

ጉዳት
bị thương

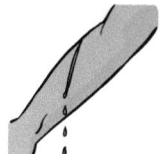

መድማት
chảy máu

የልብ ድካም
nhồi máu cơ tim

ስትሮክ
đột quỵ

አለርጂ
dị ứng

ሳል
ho

ትኩሳት
sốt

ኢንፍሉዌንዛ
cúm

ተቅማጥ
tiêu chảy

የራስ ምታት
đau đầu

ካንሰር
ung thư

የስኳር በሽታ
bệnh tiểu đường

ቀዶ ጠጋኝ ሐኪም
bác sĩ phẫu thuật

የቀዶ ጥገና ስለት
dao mổ

ቀዶ ጥገና
giải phẫu

ሲ.ቲ

chụp cắt lớp

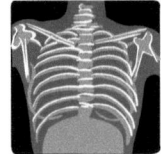

ኤክስሬዮ

chụp x-quang

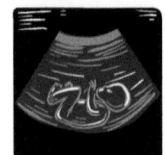

አልትራሳዉንድ

siêu âm

የፊት ጭምብል

mặt nạ

በሽታ

bệnh

መጠበቂያ ክፍል

phòng đợi

ምርኩዝ

cái nạng

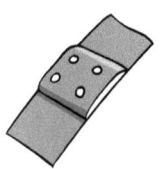

የቁስል ማሽጊያ

băng dán vết thương

ፋሻ

băng bó

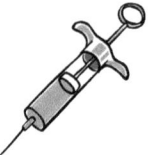

መርፌ

tiêm thuốc

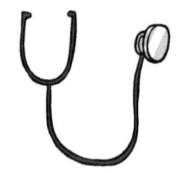

የልብ ምት ማዳመጫ መሳሪያ

ống nghe khám bệnh

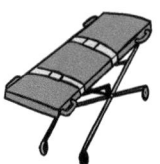

የበሽተኛ አልጋ

băng ca

የህክምን ሙቀት መለኪያ መሳሪያ

nhiệt kế

መውለድ

sinh đẻ

ከልክ ያለፈ ክብደት

thừa cân

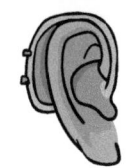

ለመስማት የሚረዳ መሳሪያ

máy trợ thính

ፀረ ተባይ መድህኒት

chất khử trùng

ማመርቀዝ

nhiễm trùng

ቫይረስ

vi rút

ኤች አይቪ ኤድስ

HIV / AIDS

ህክምና

thuốc

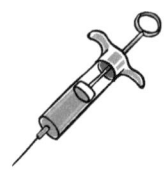

ክትባት

tiêm chủng

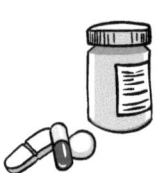

ኪኒን

thuốc viên

ኪኒን

viên thuốc

አስቸኳይ የስልክ ጥሪ

gọi cấp cứu

ደም ግፊት መቆጣጠሪያ

máy đo huyết áp

ህመም/ ጤንነት

bệnh / khỏe mạnh

እርዳታ!

cứu!

ማንቂያ ደወል

báo động

ጥቃት

cuộc đột kích

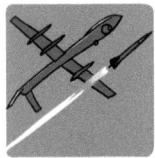

ድብደባ

sự tấn công

አደጋ

mối nguy hiểm

የድንገተኛ መውጫ

lối thoát hiểm

እሳት!

cháy!

እሳት ማጥፊያ

bình chữa cháy

አደጋ

tai nạn

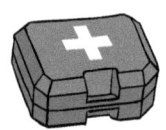

የመጀመሪያ እርዳታ መድኃኒት መያዣ

bộ dụng cụ sơ cứu

ነፍስ አድን

SOS

ፖሊስ

cảnh sát

አዉሮፓ

châu Âu

ሰሜን አሜሪካ

Bắc Mỹ

ደቡብ አሜሪካ

Nam Mỹ

አፍሪካ

châu Phi

እስያ

châu Á

አዉስትራሊያ

châu Úc

አትላንቲክ

Đại Tây Dương

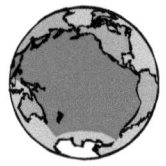

ፓስፊክ

Thái Bình Dương

የህንድ ዉቅያኖስ

Ấn Độ Dương

አንታርክቲክ ዉቅያኖስ

Nam Cực Dương

አርክቲክ ዉቅያኖስ

Bắc Băng Dương

ሰሜን ዋልታ

bắc cực

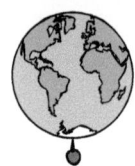

ደቡብ ዋልታ

nam cực

አንታርክቲካ

nam cực

ምድር

trái đất

መሬት

đất liền

ባህር

biển

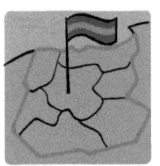

ደሴት

đảo

አገርና ህዝብ

quốc gia

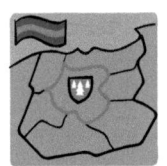

መንግስት

nhà nước

የሰዓት ገፅታ

mặt đồng hồ

ሰዓት

kim chỉ giờ

ደቂቃ

kim chỉ phút

ሴኮንድ

kim chỉ giây

ስንት ሰዓት ነው?

Bây giờ là mấy giờ?

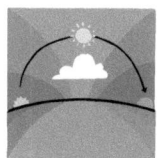

ቀን

ngày

ጊዜ

thời gian

አሁን

bây giờ

የቁጥር ሰዓት

đồng hồ điện tử

ደቂቃ

phút

ሰዓታት

giờ

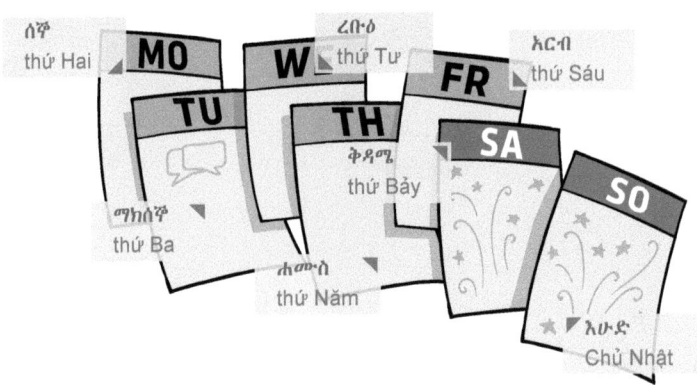

ሰኞ
thứ Hai

MO

ረቡዕ
thứ Tư

W

አርብ
thứ Sáu

FR

TU

TH

ቅዳሜ
thứ Bảy

SA

ማክሰኞ
thứ Ba

ሐሙስ
thứ Năm

SO

እሁድ
Chủ Nhật

ትላንት
hôm qua

ዛሬ
hôm nay

ነገ
ngày mai

ማለዳ
buổi sáng

ቀትር
buổi trưa

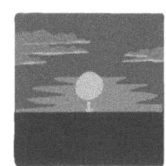

ምሽት
buổi tối

MO	TU	WE	TH	FR	SA	SU
1	2	3	4	5	6	7
8	9	10	11	12	13	14
15	16	17	18	19	20	21
22	23	24	25	26	27	28
29	30	31	1	2	3	4

የስራ ቀናት
ngày làm việc

MO	TU	WE	TH	FR	SA	SU
1	2	3	4	5	6	7
8	9	10	11	12	13	14
15	16	17	18	19	20	21
22	23	24	25	26	27	28
29	30	31	1	2	3	4

የዕረፍት ቀናት
cuối tuần

ዓመት
năm

ዝናብ
mưa
ቀስተ ዳመና
cầu vồng
ጥጥ የሚመስል አመዳይ
በረዶ
tuyết
gio
ፀደይ
mùa xuân
መኸር
mùa thu
በጋ
mùa hè
ክረምት
mùa đông

4.APRIL 11°
5.APRIL 4°
6.APRIL 13°
7.APRIL 8°
8.APRIL 10°

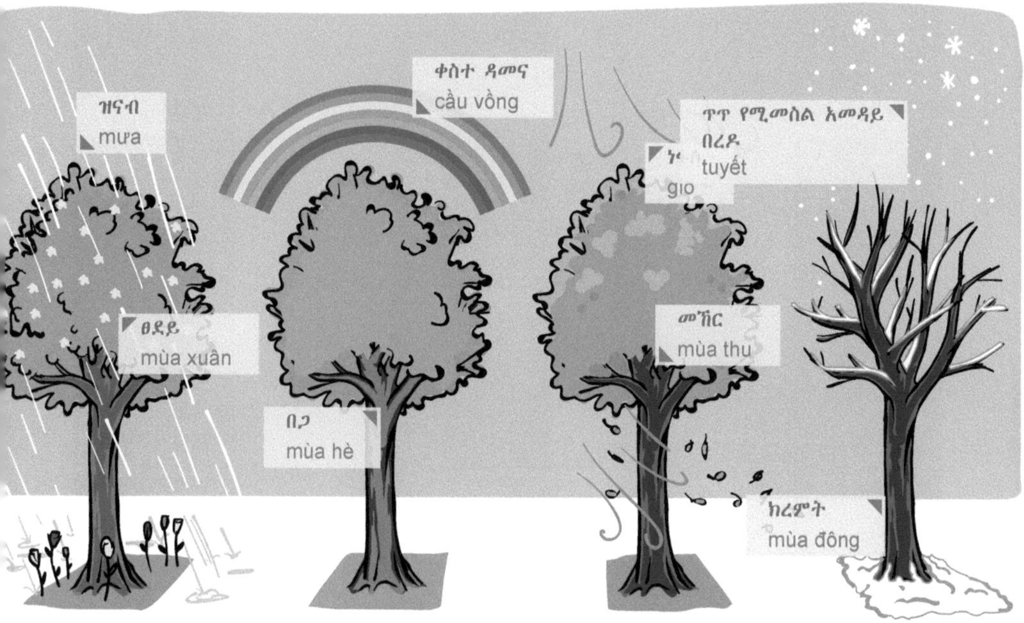

የአየር ሁኔታ ትንበያ
....
dự báo thời tiết

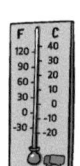

F
C
120
90
60
30
0
-30
40
30
20
10
0
-10
-20

የሙ ቀት መለኪያ
....
nhiệt kế

የፀሀይ መ ቀት
....
ánh nắng

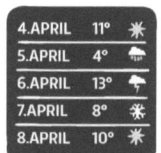

ደመና
....
mây

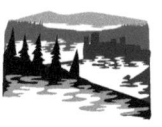

ጭጋግ
....
sương mù

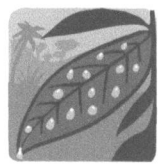

እርጥበታማነት
....
độ ẩm không khí

መብረቅ

tia chớp

ነጎድጓድ

sấm sét

አዉሎ ንፋስ

cơn bão

የበረዶ ዝናብ

mưa đá

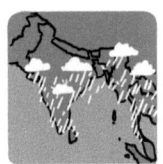

አዉሎ ንፋስ

gió mùa

ጎርፍ

lũ lụt

በረዶ

nước đá

ጥር

tháng Một

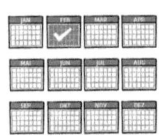

የካቲት

tháng Hai

መጋቢት

tháng Ba

ሚያዚያ

tháng Tư

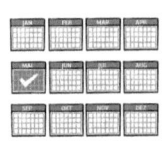

ግንቦት

tháng Năm

ሰኔ

tháng Sáu

ሐምሌ

tháng Bảy

ነሀሴ

tháng Tám

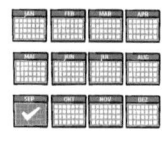

መስከረም

tháng Chín

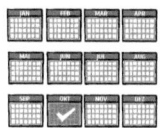

ቅምት

tháng Mười

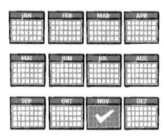

ዳር

tháng Mười Một

ታ ሳስ

tháng Mười Hai

ርፆች

hình dạng

ክብ

hình tròn

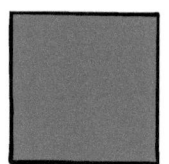

አራት ማዕዘን

hình vuông

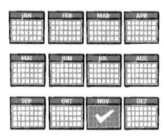

አራት   ተኛ ማዕዘኖች ጎኖች
ያሉት ቅርፅ

hình chữ nhật

ሶስት ማዕዘን

hình tam giác

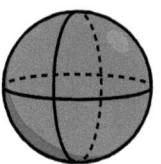

ሉ

hình cầu

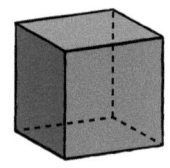

ስድስት ጎን ያለዉ ቅርፅ

khối vuông

ጮ

màu trắng

ቢጫ

màu vàng

ርቱካናማ

màu cam

ሮዝ

màu hồng

ቀይ

màu đỏ

ወይን ጠጅ

màu tím

ሰማያዊ

màu xanh dương

አረንጓዴ

màu xanh lá cây

ቡኒ

màu nâu

ግራጫ

màu xám

ጥቁር

màu đen

ብዙ/ ጥቂት

nhiều / ít

ንዴት/ እርጋታ

tức tối / điềm tĩnh

ቆንጆ/ አስቀያሚ

xinh đẹp / xấu xí

ጅማሬ/ ፍጻሜ

bắt đầu / kết thúc

ትልቅ/ ትንሽ

to / nhỏ

ደማቅ/ ደብዛዛ

sáng / tối

ወንድም/ እህት

nh (em) trai / chị (em) gái

ንዑህ/ ቆሻሻ

sạch / bẩn

የተሟላ/ ያልተሟላ

đủ / thiếu

ቀን/ ምሽት

ngày / đêm

የሞተ/ ህያዉ

chết / sống

ሰፊ/ ጠባብ

rộng / chật hẹp

የሚበላ/ የማይበላ

ăn được / không ăn được

ክፉ/ ደግ

ác / tử tế

ደስተኛ/ ድብርተኛ

hào hứng / chán nản

ወፍራም/ ቀጭን

béo / gầy

መጀመርያ/ መጨረሻ

đầu tiên / cuối cùng

ጓደኛ/ ጠላት

bạn / thù

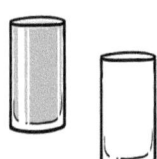

ሙሉ/ ጎዶሎ

đầy / rỗng

ጠንካራ/ ለስላሳ

cứng / mềm

ከባድ/ ቀላል

nặng / nhẹ

ረሃብ/ ጥማት

đói / khát

ህመም/ ጤንነት

bệnh / khỏe mạnh

ህገወጥ/ ህጋዊ

bất hợp pháp / hợp pháp

ጎበዝ/ ደደብ

thông minh / ngu

ግራ/ ቀኝ

trái / phải

ቅርብ/ ሩቅ

gần / xa

86 ተቃራኒዎች - đối lập

ዲስ/ ሮጌ

mới / cũ

ምንም/ የሆነ ነገር

không có gì cả / có cái gì đó

ሽማግሌ/ ወጣት

già / trẻ

የበራ/ የጠፋ

bật / tắt

ክፍት/ ዝግ

mở / đóng

ፀጥታ/ ጫጫታ

im lặng / ồn ào

ሃብታም/ ደሃ

giàu / nghèo

ትክክለኛ/ የተሳሳተ

đúng / sai

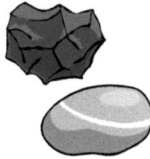

ሻካራ/ ለስላሳ

sần sùi / mịn màng

ሐዘን/ ደስታ

buồn / vui

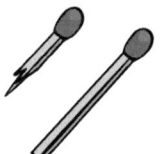

ጭር/ ረዥም

ngắn / dài

ዝግተኛ/ ፈጣን

chậm / nhanh

እርጥብ/ ደረቅ

ẩm ướt / khô ráo

ሞቃት/ ቀዝቃዛ

ấm áp / mát mẻ

ጦርነት/ ሰላም

chiến tranh / hòa bình

0

ዜሮ

só không

1

አንድ

một

2

ሁለት

hai

3

ሶስት

ba

4

አራት

bốn

5

አምስት

năm

6

ስድስት

sáu

7

ሰባት

bảy

8

ስምንት

tám

9

ዘጠኝ

chín

10

አስር

mười

11

አስራ አንድ

mười một

12
አስራ ሁለት
mười hai

13
አስራ ሶስት
mười ba

14
አስራ አራት
mười bốn

15
አስራ አምስት
mười lăm

16
አስራ ስድስት
mười sáu

17
አስራ ሰባት
mười bảy

18
አስራ ሰስምንት
mười tám

19
አስራ ዘጠኝ
mười chín

20
ሃያ
hai mươi

100
መቶ
một trăm

1.000
ሺህ
một ngàn

1.000.000
ሚሊዮን
một triệu

እንግሊዝኛ
tiếng Anh

የአሜሪካ እንግሊዝኛ
tiếng Anh Mỹ

የቻይና ማንዳሪን
tiếng Quan Thoại

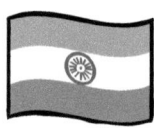
ሂንዱ
tiếng Hin-di

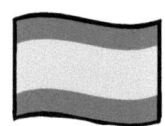
ስፓኒሽ
tiếng Tây Ban Nha

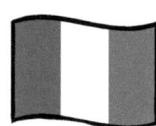
ፍሬንች
tiếng Pháp

አረብኛ
tiếng Ả-rập

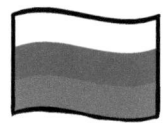
ራሺያኛ
tiếng Nga

ፖርቱጊዝ
tiếng Bồ Đào Nha

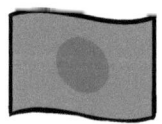
ቤንጋሊ
tiếng Bengal

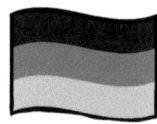
ጀርመን
tiếng Đức

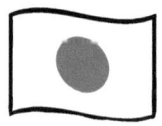
ጃፓንኛ
tiếng Nhật

እኔ
tôi

አንተ
bạn

እሱ/ እርሷ/ እቃዉ
anh ta / cô ta / nó

እኛ
chúng tôi

አንተ
các bạn

እነርሱ
họ

ማን?
ai?

ምን?
cái gì?

እንዴት?
như thế nào?

የት?
ở đâu?

መቼ?
lúc nào?

ስም
tên

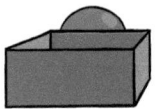

በስተጀርባ

phía sau

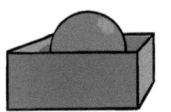

ዉስጥ

ở trong

ከፊት ለፊት

phía trước

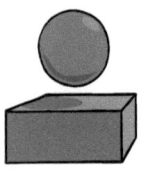

ከላይ

phía trên

ላይ

ở trên

ከስር

ở dưới

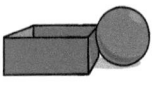

አጠገብ

bên cạnh

መሃከል

ở giữa

ቦታ

chỗ